QUELQUES

MOTS DE CONSOLATION

AUX CRÉANCIERS DE L'ÉTAT,

EN RÉPONSE

A UNE OPINION PRÉLIMINAIRE

SUR LES FINANCES (*).

(*) Cette brochure répare une lacune importante qui avait été laissée dans l'*Opinion et les Observations d'un Créancier de l'Etat*; elle en forme la suite et le complément, et doit y être réunie. Par ce motif, les pages suivent le même ordre de numéros.

QUELQUES

MOTS DE CONSOLATION

AUX CRÉANCIERS DE L'ÉTAT,

EN RÉPONSE

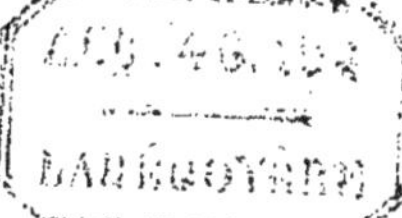

A UNE OPINION PRÉLIMINAIRE

SUR LES FINANCES.

Donnez-moi des conseils qui soient plus généreux !

CRÉB., Rhad., acte III, scène II.

PARIS,

C.-F. PATRIS, IMPRIMEUR-LIBRAIRE,

Et se trouve,

CHEZ PÉLICIER, LIBRAIRE, Cour du Palais Royal, n° 10.

NOVEMBRE 1815.

TABLE DES TITRES.

QUELQUES

MOTS DE CONSOLATION

AUX CRÉANCIERS DE L'ÉTAT,

EN RÉPONSE

A UNE OPINION PRÉLIMINAIRE

SUR LES FINANCES.

LES créanciers de l'État se croyaient enfin cette fois hors des atteintes cruelles du système de finances de Buonaparte : une *Opinion préliminaire sur les finances* a été distribuée, et nous a révélé que déjà l'on tente de relever le fatal étendard de la banqueroute.

Au mépris de la charte et de la loi du 23 septembre 1814, on s'empresse de conseiller aux ministres du Roi et aux deux chambres, l'inique spoliation d'une classe innombrable de sujets fidèles et dévoués.

L'injustice de Buonaparte serait encore la morale de nos finances. Il n'a pu consommer notre ruine qu'il avait commandée; mais le travail préparé pendant l'interrègne ne sera pas perdu. Avec une confiance ingénue, on offre au prince légitime le budget destiné à l'usurpateur. On oublie que le trône est maintenant occupé par un Roi honnête homme : on lui propose de fausser sa parole sacrée; on excite des chambres composées d'hommes justes et éclairés, à violer la foi publique, à dépouiller les créanciers de l'Etat.

Voué par conviction et par amour du bien public à la défense des créanciers de l'État, ni les injures ni les injustices ne me forceront à abandonner cette honorable tâche, tant qu'un reste d'espérance luira pour eux.

Dès le premier avis d'une nouvelle attaque, je m'apprêtai à réfuter les sophismes que je supposais devoir trouver dans l'*Opinion préliminaire sur les finances*. Mais comme au temps où toute discussion était interdite, l'auteur s'est dispensé de tout raisonnement, il se borne, nous dit-il (page 4), à répéter ce qu'il a dit *ailleurs*, c'est-à-dire dans le compte de juin 1815, publié durant l'interrègne; monument de mensonge et de révolte, dans lequel le gouvernement royal et le ministre des finances du Roi sont attaqués et calomniés. J'ai répondu à cette diatribe dans mes *Observations et éclaircissements*. Le ministre de Buonaparte n'essaye pas de les réfuter, et il ne s'en souvient que pour me prodiguer des injures que je méprise et qui retombent sur lui.

N'est-il donc permis qu'aux illustres conseillers, aux nobles favoris de Buonaparte, d'élever la voix pour louer son gouvernement et pour nous donner des leçons? Ah! plutôt qu'ils s'éclipsent enfin les satellites nébuleux que nous vîmes si long-temps accompagner cet astre malfaisant; qu'ils disparaissent au retour de la lumière; que nous puissions respirer avec sécurité, renaître pour la liberté, pour le bonheur, aux premiers rayons du soleil bienfaisant qui recommence son cours trop long-temps suspendu; qu'ils se taisent, les conseillers du tyran; qu'ils cessent de nous vanter leurs services payés de nos trésors, de notre sang ; de nous présenter comme des modèles d'administration les erreurs ou les excès de leurs tyrannies subalternes ; de quel droit, par quels motifs, prétendraient-ils ravir aux hommes nouveaux, aux plumes vierges que n'a pas flétris l'adulation, qu'une sacrilége audace contre nos princes légitimes n'a pas souillés, la liberté dont-ils jouissent eux-mêmes, et dont plusieurs d'entre eux abusent? Pourquoi empêcheraient-ils d'obscurs mais zélés serviteurs du Roi, de rompre le silence où les retenait l'oppression, pour contribuer à dissiper les épaisses ténèbres répandues par vingt-cinq ans de troubles et d'orages sur toutes les parties de l'administration publique. S'ils se trompent, leurs erreurs seront sans danger, et leur zèle, même infructueux, aura droit à quelque estime.

Les créanciers de l'Etat sont, en ce moment critique, doublement effrayés et de cette attaque subite et de l'indécision prolongée sur leur sort. Je m'efforcerai de les rassurer, je les exhorterai à la patience, je leur rappèlerai les motifs de sécurité qu'ils doivent puiser dans la charte, dans la loi du 23 septembre, dans la parole du Roi, dans l'intérêt bien entendu de l'Etat et dans l'expérience des onze mois qui ont précédé l'interrègne.

Je ne répéterai ni les preuves incontestables que j'ai données des erreurs et des fautes de l'administration des finances avant le retour du Roi, et du succès assuré et déjà commencé du plan de finances de 1814, ni les raisonnements, les calculs et les faits par lesquels j'ai combattu la consolidation forcée de la dette arriérée. On ne leur a encore opposé que des injures, et jusqu'à présent mes démonstrations sont restées sans réplique.

Je répondrai à quelques objections, et d'abord à la seule que j'aye entendu faire, contre le système de crédit, par des hommes de bonne foi.

Moyens faciles de ramener le crédit.

Convaincus qu'un gouvernement ne peut que s'honorer en payant ses dettes, les hommes droits et honnêtes conviennent qu'il doit tâcher d'y parvenir; ils désireraient que cela fût possible; mais ils craignent que, dans le triste état où la France et ses finances sont réduites, le crédit n'ait péri pour toujours, et que des efforts imprudents pour le ressusciter promptement, n'accroissent les maux au lieu de les diminuer. Ils plaignent les créanciers de l'État, ils partagent leur anxiété en même temps qu'ils l'augmentent.

Que les uns et les autres se rassurent : *il est toujours facile de rétablir promptement le crédit public.* Nous avons plusieurs fois été témoins de sa restauration, *il n'est jamais dangereux de l'entreprendre.* Tous les maux, tous les dangers sont dans le système contraire. Le succès de cette honorable entreprise ne dépend que de la volonté sincère du gouvernement, et de l'expérience des administrateurs. J'ai développé en détail, dans tout le cours de l'Opinion et des Observations d'un créancier de l'État (*particulièrement page 272, troisième édition*), les mesures qui ramènent et relèvent le crédit ; *leur application est facile, et d'un effet immanquable en tous temps et en tous lieux.* Je vais présenter quelques nouveaux développements, en appuyant par des exemples les principes que je défends.

La première opération d'un ministre des finances, lorsqu'il ne peut payer une dette exigible, est de *donner toute sécurité aux créanciers.* La seconde, de *fixer des échéances successives,* calculées sur des moyens assurés de payement. C'est ce qui fut exécuté en 1814. C'est ce que vient de faire le ministre des finances du royaume des Pays-Bas, pour la dette résultante de la dernière campagne; et ce fut aussi en annuités plus ou moins éloignées que consistèrent les premiers emprunts en Angleterre, et dans les États-Unis d'Amérique.

Combien donc serait inhabile et désastreuse une administration qui ne saurait que multiplier les incertitudes pour les créanciers, et accroître ainsi leurs pertes et les siennes!

Une troisième combinaison, omise en Hollande et dans les premiers emprunts anglais et américains, ainsi que dans les emprunts français, avant la révolution, combinaison qui fit le mérite principal, le salut et le succès du plan de 1814, et qui fait maintenant toute la puissance du système de crédit de l'Angleterre; c'est *le rachat sur la place.* Moins nécessaire dans les pays où les capitaux sont plus abondants, et aux époques où la confiance est mieux établie, *le rachat est indispensable en France.* Il est tout-puissant en Angleterre, où il est porté à un million de francs par jour, et s'accroît en proportion des nouveaux accroissements de la dette.

Aucun système de finance ne pourra réussir, le crédit d'aucun effet public ne pourra se soutenir, si le plan adopté ne renferme des moyens de rachat suffisants pour *maintenir au pair la dette tant exigible que consolidée.* Tout plan qui atteindra ce but aura sauvé les finances : mais qu'en coûte-t'il pour l'atteindre, et quelle est la puissance du rachat?

On a prétendu que le rachat était peu efficace. On répète sans cesse que sur une émission de 36 millions d'obligations il en a été racheté en trois mois 21 millions; mais ces 21 millions, comme je l'ai dit (*pages* 230 et 231), n'ont pas agi seulement sur les obligations; ils ont agi sur la masse totale de la dette, composée de la dette exigible qui fut ramenée au pair, et des cinq pour cent, qui avaient été élevés de 45 fr. à 82 fr. Ces 21 millions, employés en payement, n'eussent payé que 21 millions; affectés au rachat de la dette, ils créèrent, suivant les calculs (*pages* 230 *à* 232), un capital réel de 700 millions au profit des créanciers de l'État; ils formèrent une augmentation égale dans la richesse de la société et dans la force de la matière imposable. Quelques mois de plus, et l'emploi de 30 ou 40 millions aurait suffi pour doubler ce profit, en ramenant les cinq pour cent au pair.

Le rachat en Angleterre est porté à plus de 300 millions par an. Le gouvernement fait chaque année un emprunt de 6 à 800 millions de francs; cependant on n'a jamais entendu le membre ou le journaliste de l'opposition, le plus ignare, reprocher aux ministres l'insuffisance d'un système qui les astreint à racheter moitié de la somme qu'ils empruntent chaque année. La proposition de cesser et les rachats et les emprunts pour consolider forcément la dette exigible, soulèverait d'indignation tout le parlement, et renverserait l'admirable système de finances, base fondamentale de la puissance gigantesque à laquelle ce pays est parvenu.

Dans la lutte longue et opiniâtre qui vient de finir, l'habileté des chanceliers de l'échiquier a plus fait que le courage des soldats, que les talents des généraux et des diplomates. Notre supériorité sur tant de points n'a pu que ralentir notre chute, et, dans ce combat inégal, *nos finances ont succombé plutôt que nos armées.*

Réparera-t-on tous les maux qui pèsent sur la France, en retournant au *système impérial d'infidélité* qui les a causés? Nous ne pouvons donner à ce système le complément qu'il obtenait par la violence et le pillage; il nous faut, au contraire, supporter maintenant la restitution des exactions qu'il a commises: le discrédit nous en ravirait les moyens.

Le crédit ne peut jamais nuire : la probité d'un débiteur n'aggrave pas sa condition. Pourquoi d'ailleurs n'en pas essayer encore? *Quels maux a-t-il causés en* 1814? que de biens n'a-t-il pas produits? Il ne convient plus, dit-on, à l'excès de notre misère. Mais, fût-elle plus grande encore, dans quel moment le crédit est-il plus nécessaire que lorsque les dettes sont énormes, les charges accablantes et les ressources épuisées? Emprunte-t-on dans les temps d'abondance? On rembourse alors. Essayons donc d'appeler au secours de notre détresse actuelle les espérances de notre prospérité future; gardons-nous d'aggraver nos charges, en prétendant nous en soulager par la banqueroute, ou les réduire par la consolidation forcée.

Ce fut toujours au milieu des embarras de la guerre, au sortir des troubles et des révolutions, que furent fondés les systèmes de crédit ; ce ne fut pas la prospérité, mais la détresse, qui apprit aux gouvernements à apprécier le crédit, et la nécessité qui les conduisit à y recourir.

Les premiers emprunts anglais remontent à la fin du dix-septième siècle, et la naissance de leur système de finances se confond avec la fin de leurs révolutions. Après des progrès lents et une marche quelquefois rétrograde, il a pris, au milieu des immenses dépenses de deux guerres excessivement dispendieuses, celle d'Amérique et celle de la révolution française, le plus étonnant degré de développement ; il a communiqué une impulsion non moins surprenante à l'accroissement de la richesse nationale.

Au sortir de la révolution dans laquelle l'Amérique conquit son indépendance, et lorsque, sur la proposition du ministre des finances Hamilton, le congrès prit la noble et salutaire résolution de payer en entier la dette de l'État, elle était de quarante à cinquante fois le revenu public. Ce revenu est maintenant quinze fois plus considérable qu'il n'était alors ; la dette, sans avoir été réduite par la banqueroute, n'est plus que de deux années de revenu, et le pays a pris un accroissement prodigieux de culture, de richesse et de prospérité (1).

Un tel exemple doit rassurer les créanciers de l'Etat; il doit encourager les administrateurs français. Leur tâche est bien plus facile que ne fut celle des administrateurs américains; leurs succès, s'ils recourent au crédit, seront plus prompts et plus satisfaisants, puisque les dettes de la France et ses charges extraordinaires n'excèdent pas, en les exagérant, trois années de son revenu.

En jetant les yeux sur l'histoire de nos finances, on est péniblement affecté, on déplore amèrement l'aveuglement du gouvernement et des ministres, qui ne surent jamais que recourir aux trompeuses et funestes ressources des banqueroutes. Combien les regrets s'accroissent, lorsque l'on reconnaît que

(1) En 1789, la dette américaine dépassait encore 70 millions de dollards, 370 millions de francs. Le revenu public n'était pas de 2 millions de dollards, 10 millions de francs. Le revenu public dépasse maintenant 30 millions de dollards, 160 millions de francs; et la dette est de 54 millions de dollards, 290 millions de francs.

la moindre partie des capitaux détruits par la révolution française, aurait suffi pour subvenir à la dette qui lui servit de prétexte! quand on se rappèle qu'en l'an 9 la dette, frappée par une nouvelle banqueroute, n'était pas de deux années de revenu, et que le long discrédit causé par la loi du 30 ventose an 9, a fait perdre aux créanciers et aux contribuables un capital double ou triple de la somme qui aurait suffi au payement de toute la dette! Combien il importe de ne pas renouveler une pareille faute!

D'une caisse d'amortissement.

On s'abuserait en se persuadant que créer une caisse d'amortissement en consolidant forcément la dette arriérée, ce serait accomplir les engagements du gouvernement, pourvoir à tous les besoins, remédier à tous les maux?

Consolider la dette arriérée, ce n'est pas la payer; c'est, par une vaine formalité, changer seulement la forme de la pièce qui représente les créances sur l'État; ce n'est pas en changer la nature. La difficulté reste la même, avant comme après la consolidation; *on n'a fait que régler un compte, il reste encore à le solder;* il reste toujours à remettre la dette publique au pair, quelle que soit sa forme. Une caisse d'amortissement peut-elle atteindre ce but?

Une caisse d'amortissement fait partie intégrante d'un bon plan de crédit, mais *elle en est le complément, et n'en forme pas le principe.* Il est nécessaire d'en organiser une; et le passé n'a que trop appris qu'il faut la constituer libre et indépendante, et la mettre à l'abri des spoliations qui l'ont rendue un instrument pernicieux de discrédit.

A son début, une caisse d'amortissement n'est qu'une promesse douteuse; elle n'aurait aucun effet actuel ni prochain sur le cours des fonds publics; *elle ne remédierait pas seule au discrédit* d'aujourd'hui ni à celui de demain; elle ne contrebalancerait pas de fausses mesures; plusieurs années s'écouleraient avant qu'elle eût une influence sensible; elle n'empêcherait pas la ruine entière des créanciers de l'État. Aux maux extrêmes et pressants, il faut d'efficaces et prompts remèdes.

Jetée dans un systême de consolidation forcée, l'organisation d'une caisse d'amortissement ne serait d'ailleurs qu'une promesse illusoire, et une dépense inutile. Dans un plan de finances, il faut que tout soit coordonné, et tende vers le même but. *L'amor-*

tissement ne peut s'allier qu'avec le crédit; il est incompatible avec la consolidation forcée, qui paralyse le fond d'amortissement, et finit immanquablement par l'absorber, et par en détruire les résultats. La preuve est sous nos yeux : qu'était devenue la dotation, et que sont devenues les rentes de la caisse d'amortissement de Buonaparte?

Le crédit est inhérent aux gouvernements.

Jusqu'ici j'ai raisonné dans l'hypothèse erronée qu'un gouvernement est libre de choisir s'il doit recourir au crédit ou s'en passer entièrement. La question ainsi présentée est mal posée. *Le crédit est inhérent aux gouvernements et indispensable à l'administration.* Avec un crédit faible et chancelant, l'administration est débile et languissante; la moindre circonstance extraordinaire embarrasse, arrête sa marche, et l'accable. Avec un crédit ferme et étendu, l'administration développe une vigueur et une force surprenantes, et qui semblent surnaturelles. Par cette puissance factice, dont les effets sont réels, les gouvernements trompent et déconcertent tous les calculs, toutes les combinaisons, basés sur la population et l'étendue relative des États, et déjouent les ridicules prédictions des administrateurs inexpérimentés qui s'obstinent à voir dans la cause la plus puissante de force et de prospérité, un germe et un symptôme de décadence (1).

Mais, *quels que fussent les préjugés des administrateurs*, la nécessité du crédit était tellement sentie par ceux mêmes qui le méconnaissaient, et l'outrageaient dans leurs discours et dans les mesures qu'ils adoptaient, qu'*ils se*

---

(1) PROPHÉTIES *annuelles du ministre des finances de Buonaparte, sur la chute prochaine des finances de l'Angleterre*.

« Le système des emprunts prépare de loin la ruine » des finances..... et *peut-être* ne sommes-nous pas » très-éloignés de l'époque qui, sous ce rapport, doit » donner aux gouvernements de l'Europe *une grande* » *leçon* ». (Compte de l'an 13, page 7.) Nous l'avons reçue cette leçon, sachons en profiter.

« L'Angleterre a été encore forcée d'ajouter à la » dette immense sous le poids de laquelle elle doit » succomber *bientôt*..... Son système de finances...... » *s'écroule évidemment*..... Le sort de l'Angleterre » devient *facile à prévoir*..... La détresse dont il » avoue déjà les atteintes..... ». (Compte de 1806, pages 5, 6 et 7.)

« Tandis que le gouvernement anglais *précipite* sa

hâtaient toujours d'y recourir sous une forme ou sous une autre.

En ce moment ou propose la suppression des obligations du trésor royal, pour y substituer une émission forcée de rentes, qui n'est qu'une autre forme d'emprunt, que j'ai démontré (*pages* 241 *à* 250) être de tous les emprunts le plus coûteux et le moins productif.

Toute la question se réduit donc à savoir

» nation dans l'abîme..... Comment ne voyent-ils pas » que chaque jour *accélère* le moment de leur ruine »? (Compte de 1807, page 4.)

« Que l'on compare l'état de la France avec celui » de l'Angleterre..... Le sort qui l'attend est *facile à* » *prévoir*, j'ose le dire à votre majesté .... L'on verra » *s'écrouler* cet édifice dont les fondements déjà mi» nés..... ne reposent que sur un crédit et sur un » commerce de leur nature incertains et passagers ». (Compte de 1809, page 8.)

S'il eût été permis aux hommes éclairés de discuter et de combattre ces prédictions accueillies avec crédulité par la prévention et l'imprévoyance, elles auraient fait moins de dupes, et la France n'aurait pas renouvelé l'exemple de cet insensé qui, attendant l'écoulement d'un fleuve inépuisable, fut emporté par ses eaux.

quelle est la meilleure forme de crédit et quels sont les meilleurs moyens d'exécution.

Il est incontestable que la meilleure forme de crédit est celle par laquelle on obtient le crédit le plus étendu, le plus assuré, et le moins coûteux.

La question ainsi réduite à sa plus simple expression est décidée par l'expérience.

Je l'ai déjà dit : que les résultats de l'emprunt fait en 1814, au moyen des obligations à huit pour cent (*pages* 193 *à* 200), soient comparés avec les résultats de l'emprunt fait en l'an 9, au moyen de la consolidation forcée en rentes perdant soixante pour cent (*pages* 201 *à* 211), ou avec les résultats de l'emprunt fait à cent pour cent dans le second trimestre de 1815, par la vente des rentes de la caisse d'amortissement (*pages* 212 *à* 225) ; on appréciera les deux plans à leur juste valeur. Cette comparaison suffira pour faire rejeter la consolidation forcée, proposée de rechef, et pour ramener tous les avis à l'exécution de la loi du 23 septembre 1814, que commandent également la justice, le respect pour la parole royale, l'intérêt bien entendu de l'État, et celui de ses créanciers.

Si l'on doutait encore de la nécessité du

crédit, si l'on prétendait que l'administration précédente a sçu s'en passer, je rappèlerais qu'en l'an 8, après l'annullation des rescriptions et des délégations sur les recettes, on s'est hâté de créer les obligations des receveurs-généraux, d'émettre des bons à vue, des mandats, des traites payables à des echéances plus ou moins éloignées, et qui étaient remises en payement, ou négociées sur la place.

Moyens de crédit employés de l'an 8 à l'an 14 (1805).

Il sera d'un grand intérêt d'observer les efforts que le trésor fit, à diverses époques, pour tirer parti du crédit; de suivre sa marche incertaine, depuis l'an 8 jusqu'à l'année 1806, dans l'émission et la négociation de ses effets, et dans la direction du mouvement de ses fonds. Cet examen ne sera pas inopportun en ce moment, où l'on parle déjà de rétablir des compagnies de finances; il entre dans mon sujet, et il réparera une lacune que des considérations, dont je suis maintenant dispensé, m'avaient déterminé à laisser dans la partie de mes *Observations* qui retrace l'exécution *des différents systêmes de finances suivis en France depuis l'an* 8. Je serai un narrateur fidèle et impartial.

L'administration des finances était alors sans principes fixes, sans vues arrêtées sur la combinaison et l'emploi des effets publics. Les ministres de Bonaparte, inspirés par un souvenir confus, créèrent comme au hazard, et par une imitation imparfaite de ce qui se pratiquait avant la révolution, les obligations des receveurs-généraux et les bons à vue; mais étrangers au mouvement des fonds, ne sachant les déplacer que par des transports effectifs, ils s'aperçurent que cette voie, et lente et coûteuse, était insuffisante; que les fonds s'accumulaient dans quelques caisses, tandis que des besoins extrêmes les appelaient dans d'autres lieux. Il fallait, et *il faudra toujours au trésor, rapprocher les distances des temps et des lieux.*

Les ministres crurent devoir repousser, et actuellement encore quelques personnes blâment l'introduction des procédés du commerce et de la banque dans l'administration des finances. Mais, comme *dans les négociations et les virements de fonds les besoins de l'administration ne diffèrent de ceux du commerce que par leur étendue*, il fallait ou employer les procédés que l'intérêt commercial a inventés et perfectionnés, ou recourir aux banquiers. Ce dernier parti fut préféré. Le trésor fut dépouillé d'une de ses plus importantes attributions. Ces ministres jugèrent *le service de la banque et celui de la finance inconciliables* (compte du trésor, an 12, page 16); ils n'avaient pas reconnu ce que leur triste expérience a démontré, que *les mouvements de fonds dirigés par l'administration ont moins de dangers, sont plus rapides et plus économiques, quand elle sait s'approprier les usages du commerce*; que le service du trésor est tellement disproportionné avec la fortune des *capitalistes de ce pays*, qu'ils *ne le font jamais qu'avec les propres fonds du trésor, à ses risques, à ses dépens, et à leur profit.*

Compagnies financières.

En l'an 8 et en l'an 9, un seul agent fut chargé des principales négociations. Les obligations lui étaient remises par le trésor ; il était censé les négocier au cours sur la place, et il n'avait presque d'autre soin que de les remettre aux receveurs généraux, en échange des produits des contributions recouvrées avant les échéances, c'est-à-dire en échange des fonds du trésor.

En l'an 10, une compagnie de cinq banquiers fut chargée de ces négociations, et elle les fit constamment avec les fonds du trésor, qu'elle puisait chez les receveurs généraux. Il ne restera aucun doute à cet égard, quand on saura que la mise de fonds de chaque associé avait été fixée à un million; leur capital total devait être de 5 millions. Il ne fut jamais réalisé, et ils firent un service de plus de 150 millions.

Pour l'an 11, les receveurs généraux furent réunis en association, et se chargèrent de pourvoir, en échange de leurs obligations et bons à vue, à tous les besoins du trésor, aux époques et dans les lieux indiqués. Ils ne faisaient évidemment ce service qu'avec les fonds du trésor; mais ils étaient ses agents naturels. Leur réunion offrait tous les genres de garantie : ils procurèrent au trésor une grande économie, une entière facilité, une pleine sécurité; ils affermirent le crédit public; jamais aucun danger réel, aucun abus fâcheux, ne pouvait résulter de la gestion des receveurs généraux. Ils l'auraient long-temps prolongée, sans amélioration importante et sans éclat, mais sans perte pour le trésor et sans scandale. Cet établissement sage et solide soutenait le ministre; il aurait prévenu ou réparé bien des fautes. Comment se fit-il que cette association fut détruite à la fin de l'an 12?

Cette réunion d'hommes habiles et considérés, crut avoir droit à des égards; ils fondèrent sur l'utilité de leurs services des prétentions à une certaine indépendance, ou, plus exactement, à une honorable dépendance. Prêts à satisfaire à toutes les demandes, ils désirèrent qu'elles n'eussent pas toujours les formes d'un ordre absolu, irrévocable; qu'il leur fût permis de soumettre des observations, de communiquer leurs vues; qu'elles ne fussent pas rejetées sans examen et repoussées avec dédain. Ils demandèrent à recueillir, pour prix de leur zèle et de leurs services, de la considération; ils aspirèrent à obtenir des marques d'estime et de confiance, et à n'être pas toujours traités en esclaves suspects.

On reprocha vaguement à cette association *de n'avoir pas obtenu de bénéfices*, ce qui faisait son éloge; *de n'avoir pas mis dans ses opérations l'ensemble et la suite nécessaires; de ne pouvoir pas être aussi vigilante, aussi économe, aussi* RÉSERVÉE SUR SES PROJETS *qu'un individu.....* (Compte du trésor, an 12, *page* 16.)

Sans qu'il pût lui être fait d'autres reproches, l'association des receveurs généraux fut dissoute et remplacée par une compagnie composée de banquiers et de fournisseurs. Ils avaient consenti à se charger de la négociation des obligations à un prix inférieur au cours de la place. En flattant le ministre d'une économie apparente et impossible, cette compagnie l'entraîna dans un piège. Elle obtint les valeurs du trésor, et, au lieu de lui en verser tous les produits, elle employa des sommes considérables aux fournitures dont plusieurs de ses membres étaient chargés, et à des spéculations particulières dans lesquelles elle cherchait le dédommagement des pertes que lui causait le service du trésor.

Catastrophe financière de l'an 14 (1805).

Aux négociations des effets du trésor public prodigués sans mesure, ces faiseurs de services ajoutèrent l'émission illimitée de leurs effets collusoires.

La banque fut contrainte de recevoir leurs traites et les effets du trésor à l'escompte, et d'émettre ses billets dans une proportion démesurée, pour des opérations qui auraient dû lui rester étrangères. On violait les bases de l'institution de la banque et les règles de l'émission de ses billets; on semblait croire qu'il suffisait d'émettre des billets de banque pour se créer des ressources; on tendait à les assimiler aux assignats; on oubliait que tout ce qui excède les besoins de la circulation est à l'instant rapporté au remboursement. Ces remboursements épuisèrent le numéraire des caisses de la banque, et l'échange de ses billets fut suspendu (1).

Les effets publics, jetés sans discrétion sur la place, s'avilirent.

Pendant les derniers mois de 1805 (an 14),

Des banques d'escompte.

(1) Suivant les principes de l'économie politique et les règles du crédit, une banque est instituée pour l'escompte des effets du commerce de la ville où elle réside; ses billets ne doivent être émis qu'en échange de véritables effets de commerce, à de courtes échéances, et non pour le service et les négociations du trésor. Le gouvernement ne doit exercer sur une banque qu'une surveillance pour l'intérêt public, et non une direction dans l'intérêt du trésor. Il a le droit d'exiger d'une banque, pour prix du privilége qu'il lui accorde, une part de ses bénéfices, ou le dépôt de son capital qui n'a pas d'emploi dans ses escomptes; mais, pour le surplus, le trésor public n'est, à l'égard d'une banque, qu'un simple particulier; ce n'est jamais directement que les banques peuvent concourir au service du trésor. Cependant les administrateurs qui ignorent

par un contraste inoui, les armées françaises, triomphantes, commandaient la paix dans Vienne conquise; les dépenses de la guerre étaient à la charge d'une nation vaincue. Et les finances de la France victorieuse présentaient le plus triste spectacle : le trésor vide, les besoins extrêmes, les payements interrompus, le crédit public anéanti, la banque ébranlée en état de suspension, et les fortunes particulières compromises dans cette épouvan-

---

ces règles et qui ne savent pas user des ressources du crédit propre au trésor, cèdent promptement à la facilité de demander ou d'arracher des secours aux banques d'escomptes. Les banques imprudentes qui cèdent à la violence où à l'attrait du bénéfice, et qui s'engagent dans le service du trésor, ne tardent pas à être dans l'impossibilité de rembourser leurs billets, et sont presque toujours bouleversées.

En 1805 (an 14), la banque fut forcée d'escompter les effets du trésor et de ses faiseurs de services : elle suspendit ses payements.

Pendant onze mois (1814, 1815) le trésor ne demanda aucun secours à la banque, et lui remboursa même 16 millions sur les dettes de l'administration précédente. Dans aucun temps et le trésor et la banque ne jouirent de plus d'abondance et de plus de crédit.

table catastrophe. Suites déplorables d'une fausse mesure de finances, qui avait mis le portefeuille du trésor et les escomptes de la banque à la merci d'une compagnie de banquiers !

En dix-huit mois, 142 millions effectifs avaient été détournés du trésor et remplacés par les engagements d'une compagnie en faillite. Cette somme immense de deniers publics était engagée dans des entreprises particulières et hasardeuses.

Débet de 142,000,000.

On retira, mais trop tard, aux banquiers, une confiance aveugle et illimitée dont ils avaient si étrangement abusé ; on recourut de nouveau à la réunion des receveurs généraux, si malheureusement dissoute.

Le nouveau ministre appelé peu de temps après au trésor, dans cette situation calamiteuse, mit ses premiers soins à assurer la rentrée de ce débet sans exemple, et à pourvoir à la gêne extrême que causait un vuide de 142 millions (1) : profondément instruit dans

---

(1) Il n'entre pas dans mon sujet de faire connaître comment cet énorme débet fut recouvré ; cette digression me conduirait trop loin. Les rapports en

les principes du crédit, exercé dans le maniement des fonds et dans la direction des opérations de finance, convaincu qu'elles formaient la partie la plus essentielle de ses devoirs, ce ministre les replaça au trésor et les confia à la caisse de service, établie en août 1806. J'ai indiqué (*pages* 227 *et* 228) quels avantages résultèrent de cette institution, quelle heureuse influence elle eut sur le crédit.

Dès-lors les deniers publics parvinrent au trésor sans déviation ni retard; les fonds des impôts furent à la disposition du ministre au moment de leur entrée dans les caisses.

---

forme de mémoires dans lesquels cette opération est consignée avec ses causes, ses circonstances et ses résultats, forment plusieurs volumes restés jusqu'à présent manuscrits. Je dirai seulement que ce recouvrement, hérissé de difficultés, coûta plusieurs années de travaux. Cette opération est un des plus beaux titres du dernier ministre du trésor à la reconnaissance publique, et lui méritait toute celle de son prédécesseur. Cette somme de 142 millions était engagée dans vingt entreprises différentes, et principalement dans des fournitures faites au gouvernement espagnol, et dans des spéculations de piastres qu'il fallut aller chercher en Amérique, à travers les chances de la guerre; mais ce qui honore le dernier ministre

Il n'exista plus d'intermédiaires inutiles, dispendieux et dangereux, entre les comptables et le trésor ; il sortit de tutèle, et rentra dans l'exercice de la plénitude de ses attributions et de ses devoirs.

J'ai rappelé la succession des diverses compagnies auxquelles le service des négociations du trésor fut confié depuis l'an 8; j'ai retracé le tableau de la catastrophe financière des derniers mois de 1805 (an 14); j'en ai montré les causes, parce que ces faits

---

du trésor plus encore que l'habileté qu'il développa dans la direction de ce recouvrement, c'est l'empressement, alors imprudent, qu'il mit à démentir la commission du conseil d'État qui annonçait une perte définitive de 40 millions ; c'est le soin qu'il apporta à éviter tout ce qui aurait pu exciter un éclat et des souvenirs désagréables pour son prédécesseur ; c'est l'attention constante et bienveillante avec laquelle il s'appliqua à appaiser la fureur, à calmer les ressentiments d'un maître dont la colère ni les faveurs n'étaient pas dédaignées : dans ces procédés délicats, le ministre fut secondé par le zèle de ses collaborateurs. Son prédécesseur ne tarda pas à en recueillir les fruits; sans doute il n'a ni oublié ni payé d'indifférence de tels services, et il n'attend que l'occasion de les reconnaître.

complètent l'exposé *des différents systèmes de finances suivis depuis l'an* 8 ; ils appuyent la doctrine de crédit public que j'ai développée; ils entraient dans le plan de mon ouvrage; cette lacune le laissait incomplet. Ils renferment une utile leçon, chèrement payée, qui ne doit pas être perdue pour les administrateurs à venir, et qui devra faire trembler ceux qui, ne sachant pas diriger les opérations de finance, seraient tentés de les confier à des compagnies étrangères au trésor.

Par cet exemple, et par tous ceux que j'ai rapportés, il est prouvé que de tous temps les ministres des finances et du trésor, quels que fussent leurs opinions apparentes et leurs discours sur le crédit, ont invoqué ses secours sous une forme ou sous une autre, soit directement, soit par des intermédiaires, par l'émission volontaire ou forcée d'effets de diverses natures.

La *théorie* du crédit est *brillante*, mais son éclat est fondé sur l'utilité; *l'esprit* découvre ses avantages, le *jugement*, éclairé par les faits et convaincu par le raisonnement, les confirme. La théorie, ou plutôt *la routine contraire au crédit* est fausse, basse, étroite; *l'esprit* la méprise à juste titre, et *le jugement* auquel l'expérience en signale l'erreur et le danger, la repousse.

On peut dire que tous ces systêmes et ces plans, et notamment celui de 1814 et celui de l'an 9, *ne diffèrent entre eux que dans la forme et par l'exécution.* En dernier résultat, *ils vont tous chercher dans l'émission d'effets publics le supplément de ressources que les impôts ne peuvent fournir.*

Les systêmes ne diffèrent que par l'exécution.

La consolidation veut arracher ce secours par la force, sans égard aux droits des créanciers. En violant la foi publique elle cause et prolonge le discrédit, multiplie les embarras, et aggrave les pertes de l'administration et de ses créanciers.

Suivant l'autre systême, l'administrateur n'émet des effets publics qu'en y attachant des avantages et en prenant des mesures capables de les maintenir au pair; il soigne, il consolide le crédit; chaque jour il étend les secours qu'il en obtient en satisfaisant les créanciers de l'État, en respectant tous les droits, en remplissant tous ses devoirs.

La fin, le but sont les mêmes; les plans seuls sont différents; et pour résumer cette discussion en peu de lignes, il s'agit de savoir si en préférant la consolidation forcée, l'administration actuelle des finances achètera le crédit qui lui est indispensable cinquante pour cent et plus; ou si par l'exécution fidèle et complète de la loi du 23 septembre 1814, elle ne le payera que huit, et successivement sept, six et cinq pour cent; si elle restera volontairement plongée dans le discrédit où elle a été précipitée par les événements et par l'administration du second trimestre 1815, ou si elle s'en relèvera courageusement, avec honneur, et avec une incalculable économie.

Economie. Le crédit est le plus puissant, le plus noble moyen d'économie, le seul bien-entendu. Il ramène, non cette économie mesquine qui marchande et réduit le salaire de l'agent intègre et laborieux, qui refuse à la probité son encouragement, à l'utilité, au dévouement leurs récompenses, et qui, plaçant les hommes entre les besoins et le devoir, s'étonne d'en voir succomber quelques-uns, et de ne trouver dans ceux qui persévèrent ni zèle ni attachement; parcimonie bourgeoise, indigne des Rois et des gouvernements; économie mal calculée, qui, pour de faibles sommes, compromet les plus grands intérêts, et coûte plus qu'elle ne rapporte;

Non, cette trompeuse économie, née de la mauvaise foi, qui après l'exécution des traités conteste pour le payement, le refuse ou le réduit arbitrairement par une inique liquidation, ou par une banqueroute totale ou partielle; injustice *impériale*, qui a plus coûté aux finances que n'eût coûté le payement intégral de toutes les créances qu'elle a réduites ou annullées.

L'économie que le crédit introduit dans les affaires s'étend sur toutes les dépenses de l'administration sans exception. On ne l'impose pas, elle s'insinue; elle n'emploie ni la contrainte, ni les menaces, ni la violence; elle agit par la volonté même des créanciers de l'État. Les fournisseurs, fidèlement payés, réduisent spontanément leurs prix, et la concurrence les restreint au profit le plus modique. Les employés, les agents de tous grades, sûrs d'un payement exact et intégral, se contentent de moindres traitements. Cette économie n'exige aucun sacrifice, respecte tous les droits, ne laisse aucun regret, n'arrache aucune larme, n'encourt aucun reproche. Produite par la fidélité du gouvernement, elle assure celle de ses agents ; elle soutient, elle récompense la probité, elle excite le zèle. Son influence est immense, ses résultats incalculables ; elle honore les Rois, augmente leur puissance, et fait prospérer les États.

Assiduement occupé à recueillir dans les temps qui viènent de s'écouler, dans les faits contemporains, des leçons que l'antiquité ne peut nous fournir sur les finances (1), j'aurais éprouvé plus de satisfaction à trouver en

---

(1) L'histoire ne peut nous apprendre que peu de choses sur les systèmes de finance des peuples de l'antiquité et du moyen âge ; elle nous laisse entrevoir qu'ils suivirent au hasard l'impulsion des circonstances, et qu'à l'exception d'un très-petit nombre de princes pacifiques et de quelques républiques commerçantes qui aperçurent les effets du crédit, ils ne connurent que le système actuel de la Turquie, les exactions et les avanies, premier degré de barbarie en finance, ou le système de Buonaparte, l'injustice et la banqueroute envers les habitants, l'usurpation et le pillage des États voisins, qui forment les degrés suivants. *Systémes simples et dégagés de combinaisons hasardeuses*, comme le dit l'*Opinion préliminaire.*

France les modèles que j'ai dû aller chercher dans les finances étrangères; j'aurais proclamé les succès, vanté l'habileté de nos ministres des finances, présenté le tableau consolant de nos prospérités, leur ouvrage, avec plus de zèle et moins de réserve que je n'en ai mis à exposer leurs erreurs et leurs fautes. Mais plus les fausses théories, les préjugés sur cette matière sont invétérés, et les fautes multipliées, plus l'autorité des exemples et des personnages est imposante; plus aussi il y avait de nécessité à les attaquer sans ménagement et avec vigueur, à professer hautement les vrais principes, si long-temps et si généralement méconnus.

Je l'ai fait avec courage, et je puis me rendre ce témoignage, ma plus douce récompense dans la retraite, je l'ai fait par amour du bien public, par intime conviction des maux affreux que l'administration des finances de Buonaparte a causés à la France, par l'ardent désir de contribuer, au moins par mes conseils, à prévenir le retour de la banqueroute, fléau désastreux, orage menaçant, qui semble gronder sur nos têtes. Je me suis empressé de réfuter l'*Opinion préliminaire sur les finan-*

ces, qui apparaissait comme un sinistre avant-coureur.

J'ai dû souvent blâmer les opérations et les fausses théories de deux des ministres de Buonaparte : cette tâche pénible n'a pas été sans consolation ; j'ai toujours pu rendre le témoignage le plus vrai, le plus honorable à leur incorruptible probité, à leurs louables intentions ; j'ai plusieurs fois répété ce témoignage sincère, et je me plais à le renouveler. Pourquoi faut-il que leur expérience et leurs lumières sur les matières de crédit n'ayent pas répondu à leurs intentions! Pourquoi se sont-ils trompés de route en croyant marcher vers le but!

La faveur n'a pas conduit ma plume, elle ne l'a point arrêtée. Je n'ai pas négligé de donner des éloges mérités à ce ministre du trésor, qui, long-temps et seul, combattit avec courage l'odieux système de banqueroute du gouvernement et du ministère. Le premier, il introduisit les principes et les procédés du crédit dans les finances, il en éleva de beaux et durables monuments, il en répandit les bienfaits avec une sollicitude, avec une persévérance éclairées, que ne découragèrent ni les obstacles ni l'ingratitude, et qui ne furent pas sans fruit, comme elles sont restées sans récompense.

Je n'ai pas craint, je ne craindrai jamais de rappeler les heureux résultats, les riches espérances de la courte administration d'un ministre récemment éloigné; de défendre le système complet de crédit public qu'il avait proposé et exécuté, et de présenter à ses hautes lumières, à sa passion ardente et élevée du bien public, le tribut d'admiration qui leur est dû.

Dans ces éloges, je cède bien moins au sentiment de reconnaissance que je dois à d'habiles maîtres, à d'illustres protecteurs, qu'au besoin d'appeler l'attention et la reconnaissance publiques sur des services trop contestés, sur des succès trop méconnus; comme dans mes critiques, je n'ai d'autre vue que de repousser un système désastreux, en dévoilant les erreurs sur lesquelles il se fonde et les maux qu'il a causés. Dans cette partie ingrate et dangereuse du travail que j'avais entrepris, je n'ai été conduit par aucun sentiment de haine contre des administrateurs dont j'apprécie les vertus privées et le noble caractère, quoique je ne partage pas leurs principes d'administration, quoique je les redoute, que je les combatte avec d'autant plus d'ardeur, que leurs opinions peuvent paraître d'un grand poids.

Je m'étais proposé de rassurer et de consoler les créanciers de l'État imprudemment effrayés, injustement attaqués. Ce soin était facile, j'aime à penser qu'il était superflu, et que désormais il ne deviendra plus nécessaire. Le budget se prépare; bientôt, sans doute, il éteindra pour jamais toutes les inquiétudes, en ramenant l'exécution fidèle et entière de la loi du 23 septembre 1814, en affermissant et complètant le système consacré par cette loi. Nous n'aurons pas à déplorer le scandale de la violation de la première loi de finances du gouvernement royal : nous ne sommes plus exposés aux manques de foi et aux banqueroutes. La probité remise en honneur, les principes de crédit ramenés dans l'administration des finances; tout nous garantit la ponctualité, l'intégralité des payements de toutes les dettes de l'Etat.

S'il était possible d'ajouter à ces garanties, je rappèlerais aux créanciers de l'État qu'elles trouvent leur complément dans le caractère connu du ministre actuel des finances, et dans l'exemple de courage et de respect pour les droits des créanciers de l'État, qu'il a donné en l'an 13.

Lorsque, dans le cours de ses envahissements, Buonaparte réunit les états de Gênes à son empire, son ministre des finances se hâta d'y porter la banqueroute, qu'il promenait en tous lieux à la suite de la conquête pour combler le malheur des contrées subjuguées. M. le comte Corvetto, alors conseiller d'État, opposa une courageuse résistance à la proposition du décret du 15 messidor an 13, ordonnant la liquidation et la réduction des actions de la banque Saint-Georges et de la dette publique des états de Gênes; il plaida avec éloquence et énergie en faveur des droits des créanciers Génois. Il mettra maintenant à exécution, à l'égard des créanciers français, les principes qu'il défendit alors; il accordera à ses concitoyens d'adoption la justice qu'il demandait pour ses compatriotes.

Le Roi et les chambres n'approuveront que des plans également équitables et salutaires pour l'État et pour ses créanciers. Ils repousseront tous ces plans incomplets et funestes, contraires à la foi publique et subversifs du crédit, toute réduction arbitraire, toute consolidation forcée des créances, toute banqueroute, patente ou dissimulée, totale ou partielle.

Je ne vois donc pas que, malgré les efforts de l'auteur de l'*Opinion préliminaire*, les créanciers de l'État doivent conserver aucune crainte; je les exhorte à prendre dès à présent, pour devise, ces paroles consolantes, qu'ils liront inscrites au frontispice du budget:

Solvite corde metum, Teucri, secludite curas.
(ÆNEID., lib. I, vers 565.)

UN CRÉANCIER DE L'ÉTAT.

NOTES

En réponse aux notes A *et* B *de l'Opinion préliminaire.*

A la suite de l'Opinion préliminaire, M. Gaudin a placé des notes dont l'unique objet est de décharger sa bile contre l'*Opinion et les observations d'un créancier de l'État*. De compte fait, la première page de ces notes est ornée d'une douzaine de grosses injures, telles que *œuvres clandestines*, *libelles*, *honteuses rapsodies*, *coupable usage*, *abus*, *indécence*, *impudence*, *scandale*, etc. etc. Il est plus facile de trouver des injures que des raisons, et M. Gaudin abuse de sa féconde facilité. Je m'avoue vaincu ; je n'y répondrai pas : elles ne prouvent que contre celui qui les emploie. Je répliquerai seulement aux objections, et je rectifierai les circonstances qui ont accompagné la publication des deux brochures qui allument sa colère.

Je dois à la vérité de déclarer que ce fut à l'insçu du ministre des finances du Roi, M. le baron

Louis, que je composai les *Observations d'un créancier de l'Etat.* Je les commençai lorsqu'il était à Gand; elles furent terminées, imprimées et publiées sans qu'il en eût été instruit. Je ne lui avais pas asservi ma pensée ni aliéné ma plume; et je me crus le droit de publier mes opinions sans demander d'ordre ni prendre de conseils. Si c'est un crime pour un premier commis des finances du Roi de prendre la défense de l'administration des finances sous le gouvernement du Roi, de repousser les accusations du ministre de Buonaparte contre le ministre du Roi; si c'est un scandale d'avoir fait servir les presses de l'imprimerie royale à cet usage, j'en suis seul coupable; mais ce ne sont point les fidèles serviteurs du Roi, les seuls dont j'ambitionne l'estime, qui m'en feront un reproche. Ils pourraient bien voir les libelles, le scandale, le criminel usage des presses dans une certaine circulaire du 14 avril, dans le compte de juin 1815 et dans l'Opinion préliminaire, où l'on défend ces œuvres d'iniquité que je n'ai pas cru devoir laisser sans réfutation et sans expiation.

Le ministre du Roi a pu trouver quelqu'irrégularité dans mon silence; mais j'irai jusqu'à avouer que je me tus dans la crainte qu'il ne consentît pas à la publication de mes *Observations.* Je pensai que lors même que sa réconciliation avec

M. Gaudin serait sincère, comme je n'en doute pas, elle était impossible entre leurs systèmes, comme le prouve surabondamment l'*Opinion préliminaire* de celui-ci. Cette discussion n'est pas une querelle personnelle, mais une lutte de systèmes que des politesses ne peuvent terminer, D'ailleurs les politesses faites par M. Louis ne m'engageaient à rien, comme mes torts, si j'en ai, ne peuvent lui être imputés. En voilà trop sur les procédés; mais ces détails sont devenus nécessaires pour répondre aux insinuations qui accompagnent la divulgation de deux lettres qui n'étaient pas de nature à devenir publiques. Je ne désavoue pas mes écrits; j'en prends sur moi toute la responsabilité.

Je passe aux objections. Je fais d'abord observer qu'elles reposent toutes sur des assertions dénuées de preuves, et qu'il suffit de nier ces assertions pour faire tomber les objections et les déclamations.

On ne peut fonder aucune discussion sur le budget de 1815, qui n'a pas eu trois mois de durée. Il est probable qu'il y aurait eu une augmentation de 40 millions, et non de 98 millions dans les dépenses de la guerre. Le ministre de la guerre demandait 240 millions, au lieu de 200 qui lui avaient été accordés; mais les accroissements de recette auront dépassé cette augmentation de dépense, et se seraient même élevés beaucoup plus haut, si l'on s'en rapporte aux critiques faites en 1814 par M. Gaudin lui-même. Le retour de la confiance et de la prospérité garantissaient la réalisation de l'excédent de 70 millions. Il aurait suffi, avec la vente des bois et des biens communaux, qui prenait un grand développement, pour soutenir le crédit déjà assuré des obligations. (Voir, à cet égard, les faits et les raisonnements, page 175 à 200. Ils ne sont pas réfutés.)

La plus grave faute que l'administration des finances de Buonaparte ait faite, est de n'avoir pas respecté et payé les dettes du gouvernement qui l'avait précédé; mais je désespère de le faire comprendre à celui qui vient proposer au Roi de commettre la même faute et la même injustice. Je plains son aveuglement, s'il est sincère, et je me réfère aux développements que j'ai donnés sur la nécessité de payer entièrement les anciennes dettes, principe fondamental de tout système de crédit; je me réfère également à ce que j'ai écrit (pages 233 à 264) sur l'erreur et l'injustice des consolidations forcées, des liquidations arbitraires de créances et des émissions de rentes par la caisse d'amortissement. Il est des hommes qu'il faut désespérer de convaincre; ils ont des motifs pour ne pas comprendre les raisonnements les mieux démontrés.

J'ai dit (pag. 132 à 140) que l'exposé de la situation de l'empire, imprimé officiellement, n'était pas pareil à celui lu solennellement dans les deux chambres; j'ai indiqué les changements. M. Gaudin convient du fait; c'est tout ce que je lui demandais. Pour imiter sa rare érudition, je lui dirai: *Habemus confitentem reum.* Mais il m'échappe: ce que j'ai appelé une *falsification*, il le nomme une *rectification.* Il fonde cette définition sur une habile distinction entre la *minute* et l'*expédition* d'un rapport. Je me prosterne devant ces profonds mystères de bureaucratie; mais je dois l'avertir que des lecteurs irrévérencieux pourraient qualifier cette excuse maladroite de niaiserie indigne d'un si grand personnage.

J'ai réservé pour la fin la seule objection qui repose sur un calcul positif. M. Gaudin avait accusé le gouvernement du Roi d'avoir interrompu l'amortissement ordonné par la loi du 15 juillet 1811. (Page 37 de son compte de juin 1815.)

J'ai nié le fait, et j'ai avancé avec assurance que cette loi n'avait reçu aucun commencement d'exécution. (Page 224.)

Il persiste dans son accusation, et à l'appui il cite le compte de finances de l'an 12, lequel porte textuellement, page 35: *Ces affectations avaient produit, en* 1811 *et* 1812, *un capital de* 3,628,125 fr.

qui a reçu l'emploi prescrit par la loi; puis il s'écrie victorieusement : *Ab uno disce omnes*.....

Le compte dit cela page 35, et le répète page 138, je le savais; mais une assertion n'est pas une preuve. Ce que dit le compte est-il vrai ? Voilà le point de la question que vous négligez, et qu'il importe d'éclaircir.

Je remonte au compte de 1811. J'y vois (page 203) que la caisse d'amortistement possédait, au 1er janvier 1812, 4,952,958 fr. de rente; je reviens au compte de 1814, et j'y vois (page 159) qu'au 1er avril 1814 la caisse d'amortissement ne possédait plus que 3,664,665 fr. de rentes.

J'en conclus qu'en 1812 et 1813 l'amortissement, au lieu de faire des progrès, avait reculé de 1,288,303 fr. de rentes. Depuis, l'amortissement a été détruit en entier par le ministre de Buonaparte; par conséquent, quoi qu'en dise le compte de 1812, la loi du 15 juillet 1811 qui prescrivait un amortissement, est restée sans exécution. Ce raisonnement est-il clair et concluant? Je ne connais que trop ces artifices employés par l'administration de Buonaparte pour porter dans les écritures des opérations fictives, pour présenter comme exécutées des lois violées ou restées nulles, pour faire mentir les comptes. J'ai appris à m'en défier, à ne les juger que par l'ensemble et par les résultats devant lesquels disparaissent toutes les jongleries. Comment le ministre de Buonaparte ose-t-il encore nous rappeler *cet amortissement, ouvrage de Pénélope*, qu'il affectait de tisser au grand jour, et dont il a dans l'ombre détruit jusqu'au dernier filament.

L'*Opinion préliminaire* est terminée par une morale très-édifiante sur la manie des grandeurs. Que cette fierté siérait bien à un descendant de Sully ou de Colbert! Monseigneur le duc de Gaëte aurait dû joindre l'exemple au précepte; son excellence aurait dû nous apprendre l'illustre origine de M. Gaudin. Sa carrière rapide et brillante, les services et les talents éclatants par lesquels il se fit distinguer avant l'époque où il devint ministre des finances de Buonaparte, premier consul. Il réparera sans doute cette omission dans son *Opinion définitive*.

Je l'inviterai à mieux choisir ses citations. Après quinze années de travaux et d'étude, il est permis de parler de son métier (1). L'arrogance de ce duc de nouvelle fabrique m'a rappelé involontairement

---

(1) *Ne sutor ultrà crepidam*, derniers mots de l'*Opinion préliminaire*, sont une réminiscence maladroite. Cette sentence servit, en 1788, d'épigraphe à une critique des opinions *religieuses* de M. Necker, qui était sorti du domaine de la finance. On ne pouvait l'appliquer plus faussement qu'à un ouvrage de finance fait par un premier commis des finances.

ces vers d'une application si juste aux hommes qui oublient *l'obscurité originaire qui leur était si favorable* :

Le mulet d'un prélat se piquait de noblesse.....
Etant devenu vieux, on le mit au moulin ;
Son père l'âne alors lui revint en mémoire.
(LA FONTAINE, liv. 6, fab. 7.)

Paris, le 10 novembre 1815.

BRICOGNE,

Ex-premier commis des finances.

P. S. Au moment où l'impression de cette brochure venait d'être terminée, il a paru dans le *Journal des Débats*, un article signé T. L., sur l'*Opinion préliminaire* de M. Gaudin. Je remercie Monsieur T. L. des avis qu'il veut bien me donner ; je le prie d'en recevoir deux en échange.

Je lui conseille d'abord *de lire* les ouvrages avant de les critiquer. S'il eût pris cette légère fatigue, il aurait lu mon nom page viij des *Opinion et Observations d'un Créancier de l'État.* Il ne m'aurait pas reproché de ne m'être pas nommé ; reproche bien maladroit de la part d'un prôneur de M. Gaudin, dont les deux premiers écrits sont anonymes.

Il aurait reconnu que les censures dont M. Gaudin se plaint comme de personnalités, s'adressent à son système, à ses propositions, à ses accusations contre le ministre du Roi, et nullement à sa personne, à moins qu'elle ne soit *identifiée avec la banqueroute*.

Il aurait vu qu'en plusieurs endroits j'ai rendu hautement témoignage à l'incorruptible probité, aux louables intentions *de l'ex-ministre de Bonaparte*. Je ne lui indiquerai que trois de ces témoignages répétés :

En 1814, dans ma première Réfutation, je disais, page 8, troisième édition, « *Ne doit-*
» *on pas de l'estime, de la reconnaissance*
» *même, aux administrateurs qui ont géré*
» *avec désintéressement, qui n'ont eu en*
» *vue que le bonheur de leur pays, etc....?* »

Dans la seconde Réfutation (car dans cette querelle, l'amour-propre irascible de l'ex-ministre le rendit toujours l'agresseur, et lui fit prendre pour lui les justes blâmes adressés à l'administration de Bonaparte), je dis, page 172 : « *L'Administration de Votre Excel-*
» *lence..... irréprochable sous le rapport de*
» *l'intégrité.....* »

Page 278 : « *Nous avons vu des hommes*
» *intègres, incorruptibles, etc.....* »

Enfin, dans la présente brochure, avant

d'avoir reçu les avis de Monsieur T. L., j'ai plusieurs fois renouvelé ce témoignage.

Est-ce là le langage d'un infâme libelliste ? qu'aurait-il fallu dire pour trouver grâce aux yeux de M. Gaudin ? Il aurait fallu accuser et déprécier avec lui l'administration des finances sous le gouvernement royal : Il aurait fallu m'abstenir des éloges que j'ai donnés au ministère de M. Louis et a celui de M. Mollien. Il aurait fallu s'extasier devant l'administration de M. Gaudin, et déclarer que tout ce qui n'a pas été ou ne sera pas conseillé ou exécuté par lui, ne peut rien valoir en finances. Les hommes dédaignent les qualités qu'ils possédent et que personne ne leur refuse, pour exiger celles qui leur manquent. M. Gaudin, *ministre intègre, du caractère le plus doux, d'une politesse accomplie,* veut absolument être un *habile et profond ministre* ; il traite d'infâme libelliste tout écrivain qui conteste son savoir et sa supériorité. Il lui paraît, et il est en effet désagréable, après avoir pu, pendant quinze ans, déraisonner à son aise dans ses budgets, accumuler erreurs sur erreurs, fautes sur fautes, sans éprouver aucune contradiction de la part de chambres muettes et d'écrivains courbés sous le joug de l'oppression, il lui paraît, dis-je, désagréable, de voir enfin mesurer cette espèce de réputation colossale qu'il a facilement usurpée pendant le silence forcé des chambres et de la presse. Il faut lui laisser digérer cette disgrâce inattendue, et respecter l'amertume de ses regrets. Mais un journal qui s'honore de ses sentiments de dévouement au Roi, devrait mettre moins d'empressement à devenir l'écho des plaintes et des accusations d'un *ministre de Bonaparte* contre un ministre du Roi et contre un de ses plus dévoués serviteurs.

Mon second avis à monsieur T. L., qui peut être un fort bon littérateur, et qui montre presque autant de talent que de légèreté et de prévention, est de ne pas se mêler de parler finances. Je suis trop poli pour lui dire le motif de ce conseil; mais je crains qu'après avoir lu son article du 17, *sur les finances de la France*, et celui du 14 de ce mois, *sur les finances de l'Angleterre*, les hommes éclairés sur ces matières ne le déclarent *incompétent*, et ne le renvoyent aux derniers mots de l'*Opinion préliminaire*, dont il se fait l'apologiste.

J'aime à croire que si monsieur T. L. eût connu mon caractère indépendant, il aurait été plus réservé à m'accuser d'aucune autre ambition que de celle d'obtenir quelque estime.

Il aurait réservé ses reproches pour ceux qui, du 8 avril 1814 au 18 mars 1815, *du 19 mars au 7 juillet*, et du 8 juillet jusqu'à ce jour, n'ont manqué ni un lever, ni une messe aux Tuileries, n'ont cessé, avec une constance invariable, d'y mendier un regard du maître, quel que fût le drapeau qui flottât sur le dôme, et toujours prêts à revenir à leurs premiers amours. Il m'aurait rangé dans une autre classe, s'il eût sçu ce qu'il faut bien que je lui dise, que pendant quinze années de travaux administratifs, je n'ai connu que mon cabinet; on ne m'a vu dans aucun salon; je n'ai appartenu à aucune cotterie; je n'ai pris part à aucune intrigue, à aucun complot; *je n'ai pas même été auditeur!!!* Enfin, dès que je n'ai plus été attaché au ministre par les liens de l'amitié et de la reconnaissance, j'ai saisi le premier prétexte pour me réfugier dans la vie privée et dans le repos, excédé de fatigues et rassasié de dégoûts. Certes! pendant les quinze années qui viennent de s'écouler, les voies et les occasions ne manquèrent pas aux ambitieux, et ils purent se dispenser d'attendre.

Paris, le 17 novembre 1815.

www.ingramcontent.com/pod-product-compliance
Ingram Content Group UK Ltd.
Pitfield, Milton Keynes, MK11 3LW, UK
UKHW020400220726
13923UKWH00004B/1665

9 782019 637194